IRMÃO ERNESTO COELHO

MISTÉRIOS DO TERÇO, MISTÉRIO DA VIDA

EDITORA
SANTUÁRIO

Direção editorial: Pe. Fábio Evaristo R. Silva, C.Ss.R.
Pe. José Luís Queimado, C.Ss.R.

Coordenação editorial: Ana Lúcia de Castro Leite
Revisão: Luana Galvão
Diagramação e Capa: Maicon Santos

ISBN: 978-65-5527-361-8

2ª impressão

Rua Pe. Claro Monteiro, 342 – 12570-045 – Aparecida-SP
Tel.: 12 3104-2000 – Televendas: 0800 - 0 16 00 04
www.editorasantuario.com.br
vendas@editorasantuario.com.br

PALAVRA DO AUTOR

Este livro nasceu de uma inspiração de longa data, por volta do ano 1993. Nessa época, eu conduzia um programa religioso da Rádio Aparecida, que teve uma audiência muito grande. Ia ao ar todos os dias, às 18h (SAUDAÇÃO ANGÉLICA). Quando me encarreguei de conduzi-lo, tinha em mente apenas uma intenção: FALAR BEM DE NOSSA SENHORA. Foi o que fiz durante sete anos nessa missão. Depois de dois anos no programa, apareceu, em uma tarde, na portaria do convento Novo do Santuário de Nossa Senhora Aparecida, uma religiosa, trajando um hábito preto, a qual me deu o seguinte recado: "Irmão Ernesto, Nossa Senhora me mandou dizer a você para escrever um livro sobre ela". Eu não disse nada para aquela irmã. Depois que me deu o recado, despediu-se de mim, foi embora e nunca mais a vi. Não fiquei sabendo quem ela era, onde morava, nem a qual congregação pertencia. Não disse a ela que escreveria o tal livro. Apenas escutei seu recado, mas, dentro de mim, pensava: "Imagine se vou escrever livro! Não sou escritor. Por que haveria eu de escrever um livro e ainda sobre Nossa Senhora? Há tantos escritores que já escreveram e continuam escrevendo sobre ela! Acho que essa irmã não está bem de cabeça". Porém nunca me esqueci de seu pedido.

Passado muito tempo, nasceu o grupo do Terço dos Homens. O grupo começou pequeno, e foi se espalhando e ganhando espaço. E, hoje, em várias partes do mundo, há uma presença significativa desse grupo que se reúne para rezar o Santo Terço. A partir disso, nasceu a inspiração de oferecer este subsídio para ajudar os homens a se aprofundarem na fé, nos mistérios do terço e nos mistérios da vida.

Outro motivo de escrever esta obra, dedicada à Virgem Maria, é porque cresci rezando o terço com meu pai e minha família. Para mim o terço é a oração mais linda e está ao alcance de todos, agrada o coração de Maria e nos aproxima de Jesus, à medida que contemplamos sua vida e missão, contidas nos mistérios do Rosário.

Desejo, com este escrito, motivar os irmãos e as irmãs no seguimento de Jesus e a sua santa Mãe.

Ir. Ernesto Coelho, C.Ss.R.

MISTÉRIOS DO TERÇO, MISTÉRIO DA VIDA

Nossa vida está envolta de mistérios. Indagamos: quem sou? De onde vim? Para onde estou indo? Quando será meu último dia neste mundo? Por que existo? O que busco? Por que vivo? Milhões não nasceram? Milhões não cresceram, por que eu não poderia estar entre esses milhões? Por que nasci? Sou melhor do que os outros? Sou pior que os outros? O que tenho eu de especial?

1. "Nossa vida é complexa, problemática, é um mistério!
2. Toda a nossa vida é um desafio, é uma missão.
3. Toda a nossa vida é dom, é graça."

"Nós vivemos até o dia em que morre a última pessoa a se lembrar de nós, ou seja, nós não morremos no dia de nossa morte, mas quando morre a última pessoa que carrega consigo nossa lembrança de pessoa edificante, cujos valores transparecem a imagem de Deus."

Nossa vida é mistério, por isso não entendemos totalmente o porquê de nossa existência. Não temos o domínio sobre o mistério. O que é a vida? Ela é movimento, ação, atividade, atitude. Quando saímos deste mundo, como será essa ação, esse movimento, essa atividade, atitude? Somente Deus tem o domínio do mistério. Somente Ele é a sabedoria que desvenda todos os mistérios que envolvem a vida. O Salmo 138 fala do conhecimento de Deus quando diz: "Senhor, tu me conheces a fundo. Nada do que faço te passa despercebido. Tu sabes tudo de mim. Posso caminhar ou descansar e tu já os avaliaste. Se eu subir às montanhas ou descer ao mar, se tomar as asas da aurora será a tua mão que me levará e até lá ela me conduzirá. Tu já me conhecias bem a fundo quando eu estava sendo plasmado no segredo da natureza. Mesmo antes de eu ter nascido, já conhecias definitivamente toda a minha vida. Onde me esconder de ti? Para onde fugir de ti?"

Onde estão aqueles que passaram por nós, que nos deixaram marcas profundas, que o tempo não consegue apagar? Estão em outra dimensão? Como é essa outra dimensão? Se a vida continua, vamos nos encontrar de novo? Se encontrarmos, como será o encontro? Terá abraço? Terá sorriso? Se tiver sorriso, como será o sorriso? Haverá aperto de mão? Na outra dimensão haverá mão para apertar, braços para abraçar, lábios para beijar, olhos para enxergar, pés para caminhar? Há tantas perguntas e nenhuma resposta. Não temos domínio sobre o mistério da vida. Da vida nada sabemos. Não sabemos quando começa nem quando termina a vida no universo. Há vida espalhada em todo o espaço. Há uma infinidade de seres se movimentando no céu, na terra, no mar e no ar. Desde quando existem e até quando existirão? Quem originou todos eles? Desde quando começaram a existir o dia, a noite? Haverá um dia eterno? Haverá uma noite eterna? A vida é repleta de mistérios. De onde vem a vida? Quem pode criar a vida? Quem inventou a vida?

Como não temos nenhuma resposta sobre o mistério da vida, resta-nos curvar diante daquele que é o gerador da vida e reconhecer que somente Ele é a resposta para todas as perguntas, somente Ele é a explicação da existência dos seres. Ele é o Senhor da vida, do mundo, do tempo e da eternidade. Ele é a fonte eterna da vida que se espalha em todo canto. Suba ao Senhor o louvor das criaturas.

Nós nos afastamos de Deus. Afastando-nos de Deus, afastamo-nos de nós mesmos. Afastamo-nos da luz, do amor, da bondade e misericórdia. A consequência desse afastamento é triste. Quando nos afastamos de Deus, tornamo-nos habitantes das trevas. Sem Deus, o mundo é escuro, sem luz, vazio; a vida perde o sentido. Que lindo é o brilho das estrelas, o clarão do luar, a luz do amanhecer, as ondas do mar, desde que Deus esteja conosco! Com Deus, tudo fica bonito. A presença dele junto de nós nos faz ver o universo com olhar purificado. Com o olhar de Deus, encontramos belezas escondidas nos seres mais imperceptíveis que giram no espaço. Sem Deus, desumanizamo-nos e nos deixamos guiar por princípios que destoam dos dele. Com esse afastamento, nós nos afundamos em nossas próprias misérias e não podemos retornar a Deus, sem sua ajuda. Sem Ele, perdemos a força, a vontade, o interesse e a inspiração do bem. O desligamento de Deus nos desequilibra, desarmoniza-nos. Nunca mais repararíamos tal prejuízo se Deus não viesse a nosso encontro. Deus, em sua infinita misericórdia, em seu amor e em sua bondade, veio a nosso encontro e nos estendeu a mão. O Senhor escolheu um homem santo (São José), uma mulher santa (a Virgem Maria) e por eles veio até nós na pessoa de Jesus, que nos abriu para um canal de comunicação entre nós e o Pai, construiu uma ponte que nos liga a Deus, abriu-nos as portas da salvação. Chamou-nos de volta. Somente Ele tem o poder de nos salvar, transformar-nos, libertar-nos, perdoar-nos, reconstruir-nos. Ele veio e abriu o tesouro de sua graça e nos convidou a tomar posse.

Como rezar o Terço

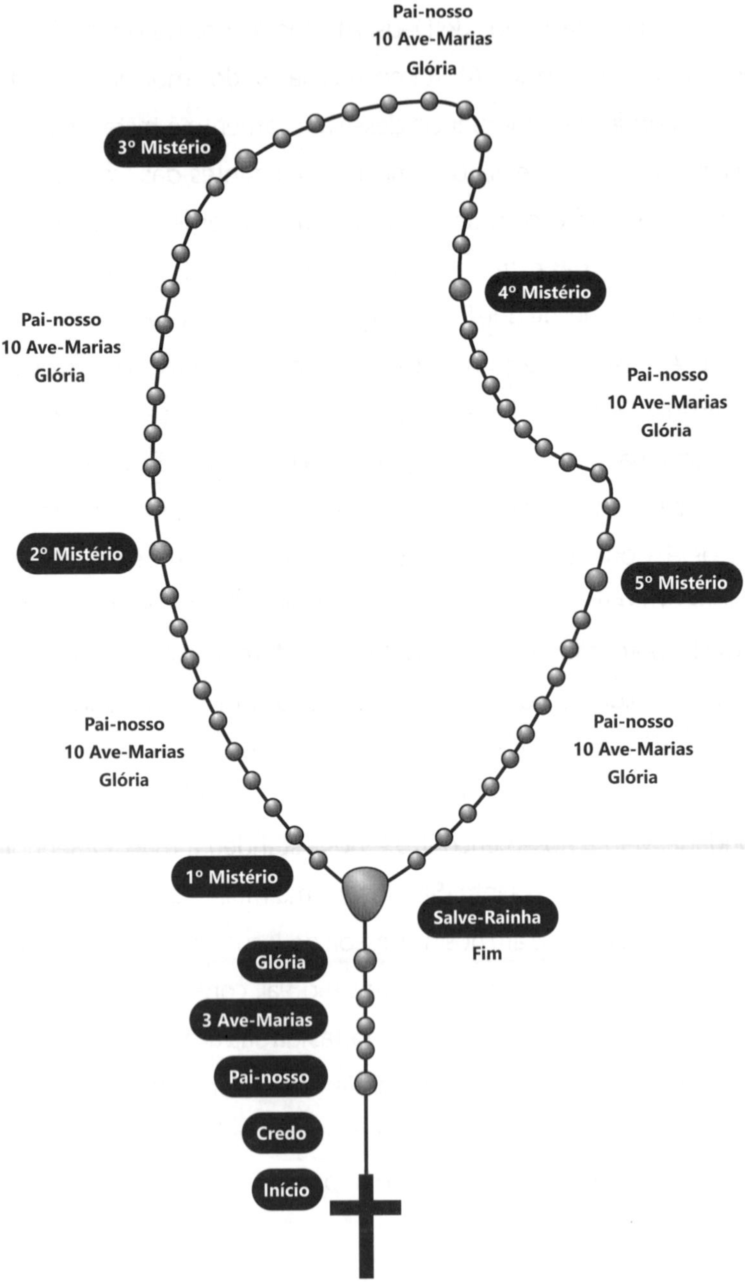

MISTÉRIOS DA ALEGRIA

(Segundas-feiras e sábados)

1º mistério:

A anunciação do Anjo a Maria

Quando nossos primeiros pais, em lugar de seguirem as orientações de Deus, preferiram as do maior inimigo dele (o Demônio), cometeram um erro grave, tanto que a relação entre eles e Deus se abalou. Por si só, jamais conseguiriam reestabelecer a relação perdida. Agindo assim, o primeiro casal humano comprometeu o destino da humanidade de todos os tempos. Ela foi atingida em sua origem; foi como se jogasse veneno na fonte e contaminasse todo o rio. A fonte humana foi lamentavelmente contaminada pelo pecado cometido pelo casal humano: o de querer ser deus. Contudo, como em um grande rio, a história segue. Quanto mais longo é o rio, mais possibilidade ele tem de despoluir dentro do percurso. As águas passando pelas pedras, caindo das montanhas, batendo nos rochedos vão se filtrando até se tornarem cristalinas e potáveis. A história do ser humano passa também por processos semelhantes. A infidelidade humana não interferiu na fidelidade divina. Os planos do Senhor sobre o homem e a mulher continuam os mesmos. A missão confiada a eles continua. Deus não expulsou o ser humano de seu coração, apenas o cumprimento de sua missão passou a pesar mais. Ainda assim ele estará sempre junto e em todos os tempos. Deus dá à mulher o dom da maternidade e o conserva nela, apesar de ter sido traído por ela. No sofrimento e na dor, a mulher vai gerar filhos e garantir a continuidade da história. A geração dela percorrerá os séculos tendo Deus como condutor. Com a presença divina, a humanidade vai tomando rumos diferentes. Guiada por Ele, ela vai se purificando com o próprio sofrimento. Maria é fruto dessa história de longos séculos de caminhada. Ela chega purificada do longo caminho percorrido por seus ancestrais, assim como a água é purificada ao longo do rio. Chega limpa, transparente como luz, projetando a imagem de Deus no fundo da alma. Nela, Deus brilha como o sol da manhã. Não há nenhum obstáculo ao brilho dessa luz. Ela é a aurora de um novo tempo de esperança, paz, misericórdia. Chegou o momento da realização da promessa. Muitas gerações se passaram até que a humanidade pudesse oferecer a Deus uma nova Eva, que viria para reiniciar uma história de amor, uma humanidade renovada em Jesus. Maria abre a página de uma nova história. Com ela, inicia-se um caminho novo e, por ela, chega a nós a salvação de Deus. Com seu sim, o céu se abre para a humanidade sedenta de Deus, de paz, de luz e de felicidade.

O Anjo Gabriel traz do céu a notícia de que Maria foi escolhida para ser a mãe do Filho de Deus. Ela é a mulher, entre o ser humano, que mais se parece com Ele. A imagem de Deus em Maria não foi deturpada. Ela é o que deveria ser toda pessoa humana: imagem de Deus. Tudo nela lembra Deus. Tudo nela respira amor, bondade, ternura de Deus. Ela é feita só de amor. Na história humana, não surgiu e nunca surgirá alguém igual Maria. Ela é especial, é única. Antes e depois dela, nenhum homem e nenhuma mulher tiveram uma relação tão íntima, profunda com Deus, igual a ela. Maria é a única que conservou no coração, na alma, na vida os dons recebidos de Deus. Os dons concedidos a ela também foram concedidos a nós, porém ela foi a que mais se abriu e os acolheu em profundidade, deixando que Deus ocupasse todo o espaço de seu coração, sua vida, sua alma, de seu espírito, e o mal não encontrasse nela nenhum lugar vazio para agir. Por isso ela é a cheia de graças, cheia de alegria, cheia de beleza, cheia de amor, cheia de Deus. Nela a graça de Deus é transbordante. Na vida de Maria só há espaço para Deus. Nela o Espírito Santo age livremente e gera o Filho amado, predileto de Deus, enviado para reconstruir uma humanidade nova, libertada da ação do mal. Maria se dobra diante de Deus e aceita ser a mãe do Filho da promessa. Apenas fez uma pergunta ao Anjo, o mesmo que trazia para ela a notícia de que fora escolhida para ser a mãe do salvador. A pergunta foi clara e objetiva: "Como vai se dar isso se não conheço nenhum homem?" (Lc 1,34). "O Espírito Santo virá sobre ti e o poder do Altíssimo te cobrirá com sua sombra" (Lc 1,35). O Espírito Santo tem o poder de gerar santo. Ele gerou o santo de Deus em Maria. Para gerar o filho de Deus em si, Maria não ofereceu nenhuma resistência, nenhum obstáculo, nenhum impedimento para que a obra do Pai nela se realizasse. Seu coração é cheio de amor, cheio de Deus. Nela não há nada que impeça que a vontade de Deus se realize e que a PALAVRA se encarne em sua vida e na vida do mundo. Quando ela diz: "Eis aqui a escrava do Senhor, faça-se em mim segundo sua palavra" (Lc 1,38), nesse momento abre mão de sua própria vontade e deixa que a vontade de Deus impere em sua vida. Dessa hora em diante, torna-se instrumento de Deus na obra da salvação. Com a profundidade com que ela acolhe em si a vontade de Deus, inicia-se uma nova história, um novo tempo: de luz, esperança, alegria; tempo de graças.

(Pai-nosso... 10 Ave-Marias... Glória ao Pai...)

2º mistério:
A visitação

Maria é uma jovem disposta. O comodismo e a preguiça nunca fizeram parte de sua vida, que é um deslocar contínuo. Ela é dirigida pelo sopro do Espírito; onde ele sopra, ela vai. Desinstala-se com facilidade. Quando se trata de ajudar alguém, de se colocar a serviço de quem mais precisa, não espera o dia seguinte, coloca-se a caminho imediatamente. Ela é assim. Deus a fez assim: cheia de disposição. O servir está dentro de si. É sua vocação.

Assim que soube que Isabel ia ser mãe, Maria se pôs a caminho de sua casa. Nada a impediu de que fosse até lá. A distância, as dificuldades da viagem, a pouca idade não eram suas preocupações. A única preocupação da Virgem Santa era a mulher avançada em idade que ia ser mãe pela primeira vez e que precisava de ajuda. A força do amor a conduziu até a casa da prima. Ela foi nas asas do Amor, totalmente livre. Não pediu licença a ninguém para fazer caridade. A casa de Isabel ficava na região montanhosa da Judeia. Maria chegou até lá, depois de muitos dias de caminhada, transbordante de alegria. Ela era uma jovem alegre; tudo o que ela fazia era com alegria. Uma alegria contagiante, que brotava da alma, do coração, que vinha do Espírito Santo. Alegria que ia do coração de Maria ao coração de Isabel e que alcançou o menino que estava sendo gerado nela. Isabel confessou: "Você é bendita, Maria! E o fruto de seu ventre é bendito também" (Lc 1,42). "Quando ouvi a voz de tua saudação a criança pulou de alegria em meu ventre" (Lc 1,44). Alegria, paz, felicidade são frutos do Espírito Santo. "Como posso merecer que a mãe de meu Senhor venha me visitar?" (Lc 1,43). Pela primeira vez, Maria é reconhecida como a mãe do Senhor. A primeira pessoa a reconhecer em Maria a mãe do Senhor foi Isabel. Na casa de Isabel, é acolhida com amor, alegria, respeito. Em Maria está o filho de Deus, e Isabel reconhece que Maria é uma mãe especial; é mãe do Senhor, mãe do filho de Deus; é a portadora de Jesus. Quando se encontra com Isabel, a criança que está em seu ventre salta de alegria ao sentir a presença do Verbo

Encarnado no seio de Maria. Em sua humildade, reconhece que o Senhor é santo e fez nela maravilhas. Os três meses que ficou com Isabel foram de dedicação, atenção e carinho. Esses meses foram de bênçãos, orações, graças e presença de Deus.

(Pai-nosso... 10 Ave-Marias... Glória ao Pai...)

3º mistério:
Jesus nasce em Belém

José partiu de Nazaré a Belém. Era tempo de recenseamento. Ele e Maria precisavam se apresentar porque era lá a cidade de seus ancestrais. Mesmo que pudesse, José jamais deixaria Maria em casa, sabendo que ela estava nos dias de dar à luz. Ele é apresentado nos evangelhos como o homem justo, e ser justo é ser responsável, cuidadoso, sensato. Sendo assim, mesmo tendo consciência do incômodo que causaria a Maria uma viagem de mais de 100 quilômetros, por causa de sua gravidez, não viu outra saída, senão levá-la consigo. Ele não ficaria tranquilo longe dela, sabendo que, de um momento para o outro, ela poderia dar à luz, sem ninguém a seu lado. Por isso preparou uma montaria, algo para a viagem e partiram os dois para Belém. O próprio animal parecia adivinhar a situação de Maria. Caminhava passo a passo. De vez em quando, José fazia uma parada para que Maria pudesse descansar um pouco. Depois de muitos dias de cavalgada, o casal chegou a Belém. A primeira atitude de José foi buscar uma hospedagem adequada para a esposa, diante da situação em que ela se encontrava. Havia uma agitação na cidade e as hospedarias estavam todas ocupadas, com muita gente nos mesmos espaços. De maneira alguma, José iria expor a esposa ao ridículo e ao constrangimento de dar à luz no meio daquela confusão e aos olhos dos curiosos. Por uma providência divina, o casal se dirigiu a uma gruta. Pelo menos ali não havia ninguém, a não ser os animais que se alojavam lá naquelas noites geladas. Aquela gruta era apenas uma gruta, até o momento em que José e Maria ali chegaram. Com a presença deles, a gruta se transformou em um céu, paraíso. Porque o céu é onde habita Deus, e Deus habitou em José e Maria. Portanto para onde iam levavam consigo o céu, a luz, a beleza, o amor, porque Jesus é Deus. Naquela gruta Jesus nasceu. O nascimento se deu no meio da noite e agitou o céu e a terra. Os homens e as mulheres de bom coração o acolheram com alegria, festa, amor. A presença de Jesus transformou o luto em festa; uma festa eterna que se iniciou no mundo e continua no céu.

Com o nascimento de Jesus, a humanidade passou a viver um novo tempo, uma nova história. Um tempo de graça, de misericórdia, de perdão, de esperança, de alegria e de paz. Uma nova história se iniciou com a presença de Jesus. Os primeiros a caminhar a seu encontro foram os pastores, homens humildes, que enfrentavam o rigor da noite, cuidando das ovelhas. Eles foram ver Jesus, não por curiosidade, mas levaram algo que pudesse atender tanto a necessidade da criança quanto a dos pais. É de se supor que para a criança, por ser uma noite fria, tenham levado lã de carneiro, a fim de aquecê-la, e para os pais, queijo, leite ou algum outro tipo de alimento que pudessem partilhar, certos de que o casal não tivera tempo de se alimentar, dada a preocupação em procurar um lugar onde Maria pudesse dar à luz seu filho, sem interferência de ninguém. Aqueles homens eram pobres, por isso sabiam, por experiência própria, o que significava para uma mãe e um pai acolher o nascimento de um filho em uma noite gelada fora de casa, sem o apoio da família e o amparo do poder público. Por isso levaram para Jesus, Maria e José aquilo que é de mais urgência para um momento especial. O Filho de Deus nasceu em uma família pobre. Os príncipes nascem nos palácios, no conforto, berço de ouro, cercados de cuidados e de gente importante, aos olhos do mundo. O príncipe da paz nasceu na gruta, no meio de animais e foi acolhido por um casal santo: São José e Santa Maria. Foi visitado pelos pobres. Jesus escolheu ser pobre com os pobres. Os pastores, assim que viram o menino, reconheceram logo que ele era o verdadeiro filho de Deus, o salvador prometido, o Filho da promessa, porque o anjo havia dito: "Hoje, na cidade de Davi, nasceu para vocês um salvador, que é o Messias, o Senhor" (Lc 2,11). Depois da visita, voltaram para o trabalho, felizes por tudo o que viram e ouviram a respeito da criança. Até o dia amanhecer, o assunto entre eles era aquele acontecimento maravilhoso.

(Pai-nosso... 10 Ave-Marias... Glória ao Pai...)

4º mistério:
Jesus é apresentado no Templo

São José e Santa Maria apresentaram Jesus ao Senhor. Jesus é o filho primogênito e, segundo a lei de Moisés, todo primogênito é consagrado ao Senhor. Pertence a Ele. É propriedade de Deus. Santa Maria e São José tinham conhecimento disso. A apresentação foi feita dentro de uma celebração, em que participaram os familiares e membros da comunidade, porque, nela, realiza-se o rito da circuncisão do menino. Nesta, não havia ninguém da família nem da comunidade porque estavam longe de casa. O Evangelho mostra apenas duas pessoas que compareceram a essa cerimônia: Simeão e Ana, que eram muito tementes a Deus e esperavam a vinda do Messias. Eles foram ao templo movidos pelo Espírito Santo. Reconheceram em Jesus o filho da promessa. Simeão fez uma oração em que dizia que, se morresse aquele dia, morreria feliz porque havia encontrado aquele que traria a salvação a todas as nações. Jesus é Filho de Deus desde toda a eternidade. Antes de ser gerado no seio da Virgem Maria, existia no seio do Eterno Pai. Ele é o escolhido, o eleito, o ungido para vir ao mundo e conduzir a humanidade ao reencontro com Deus. Essa é a missão pela qual Jesus se encarnou no seio de Maria, para resgatar homens e mulheres do poder do mal. José e Maria participaram desse projeto. São os parceiros de Deus nessa missão salvadora. A Virgem Maria e o justo José jamais se apropriaram do menino, porque ele sempre pertenceu a Deus. Tudo o que era de Deus era respeitado pelo santo casal. Aos cuidados deles estava o maior tesouro do Pai: seu próprio filho. Depois de oito dias, José e Maria foram ao templo do Senhor e ofereceram o filho do coração. O Menino foi consagrado ao Senhor. Ele veio ao mundo com uma missão determinada: salvar todas as pessoas, independentemente da raça, nacionalidade, cor, idade ou classe social. A salvação de Deus é para todos, do maior ao menor. Jesus se colocou de corpo e alma ao serviço do Pai. Tão logo, percorreu cidades e aldeias, montes e colinas, mares e praias para anunciar um novo reino de justiça, onde não há exploradores nem explorados, onde não há dominadores nem dominados, onde a fraternidade é o bem maior. Essa foi a missão do menino. Ele pagou com a própria vida a fidelidade à missão. Enfrentou duras oposições dos que resistiram a sua proposta, mas não desistiu, mesmo que para isso tivesse de sofrer e ver tantas lágrimas derramadas dos olhos da santa Mãe. Nada mudou seu caminho. Ele foi até o fim da missão. Ele foi consagrado para essa missão.

(Pai-nosso... 10 Ave-Marias... Glória ao Pai...)

5º mistério:
Jesus é encontrado no Templo

Depois da festa da Páscoa, Jesus ficou em Jerusalém. Maria e José só sentiram sua falta depois de um dia e meio de jornada. Os dois pensaram a mesma coisa: que o menino estava na caravana com outros garotos; mas ele não estava. É difícil imaginar o que se passou no coração tanto da mãe quanto do pai. No primeiro momento, não acreditavam que ele havia ficado em Jerusalém. Antes fizeram uma busca entre parentes e conhecidos. Tudo em vão; Jesus havia ficado. Aí vieram a tristeza, a angústia, a aflição. Sem a presença de Jesus, a vida é só tristeza, amargura e decepção. Não tem sentido. A presença de Jesus é que deixa a vida mais alegre, bonita, significativa. José e Maria foram ao encalço do menino. Depois de três dias, finalmente o encontraram no templo, no meio dos doutores. Maior surpresa para os pais, não esperavam encontrar o filho no meio daqueles homens, mestres da Sagrada Escritura. E o menino era o centro das atenções. Os mestres estavam apurados com Jesus porque, ao mesmo tempo em que respondia às perguntas que faziam, jogava outras perguntas, e eles se perdiam nas respostas. Nesse momento, José e Maria se aproximaram da entrada do templo e reconheceram Jesus no meio dos doutores, homens estudados nas leis do sagrado livro, mas que estavam apurados com Jesus, que era apenas um menino. Maria e José, ao entrarem no templo e encontrarem Jesus, ficaram muito felizes. Não há nada mais gratificante para um pai e uma mãe que reencontrar um filho desaparecido, ainda que seja apenas por três dias. Eles estavam vendo Jesus, que estava sabatinando os doutores da lei. Aqueles eram homens de grande intelecto e instrução para a época e, de repente, viram-se sem saída, diante das questões colocadas por Jesus. Em um dado momento, a mãe se aproximou e abriu o coração para o filho, dizendo: "Meu filho, por que fizeste isto conosco? Teu pai e eu estávamos aflitos a tua procura" (Lc 2,48). Jesus os tranquilizou, dizendo que ele tinha uma missão a cumprir e ninguém poderia impedi-lo, porque a missão era do Pai. Porém para tudo há um tempo certo, uma hora certa. No entender dos pais, embora o filho tivesse uma missão a cumprir, não justificava ficar em Jerusalém sem comunicá-los. Ainda não era o momento de o menino tomar decisões sozinho. O casal levou Jesus para casa e nunca mais se ouviu dizer que ele havia causado semelhante transtorno. Na companhia do pai e da mãe, Jesus cresceu feliz dando alegria a eles, acatando suas orientações. Sua presença junto a José e Maria fez daquele lar um lugar sagrado, um espaço iluminado pela luz do Espírito Santo. Rezemos:

(Pai-nosso... 10 Ave-Marias... Glória ao Pai... Salve-Rainha...)

MISTÉRIOS DA DOR

(Terças e sextas-feiras)

1º mistério:

Jesus se põe em oração no Horto das Oliveiras

Jesus se colocou em oração no Horto das Oliveiras. Ele teve a mesma atitude da mãe. Colocou-se inteiramente sob a vontade do Pai. Ao aceitar ser mãe de Jesus, Maria disse: "Eis aqui a serva do Senhor. Faça-se em mim segundo vossa Palavra" (Lc 1,38).

No Horto das Oliveiras, disse Jesus: "Pai, se queres, afasta de mim este cálice, contudo, não se faça a minha vontade, mas a tua!" (Lc 22,42). Jesus aceitou que a vontade do Pai fosse cumprida nele. O momento foi de muito sofrimento. Jesus só tinha o Pai por companheiro. Os amigos adormeceram. Ele se encontrava completamente sozinho porque não podia contar com quem estava dormindo. Uma tristeza e uma agonia invadiram sua alma e seu coração. Não havia ninguém por perto nessa hora. Bem no momento em que mais precisava de uma presença amiga, para consolá-lo, animá-lo, naquela hora de aflição, angústia, dor, viu-se completamente só. Mesmo os que foram com ele deixaram-se dominar pelo sono. Onde estavam os que receberam de Jesus a graça da cura, o perdão dos pecados, o alívio de suas cargas, a alegria de viver? Desapareceram todos; até mesmo os que foram com ele se renderam ao cansaço. Nada mais restava a Jesus, senão se colocar inteiramente sob o amparo do Eterno Pai. Sua maior decepção foi saber que um de seus discípulos conduziu os soldados a seu encontro para prendê-lo. Ser traído por inimigos não é novidade, porque os inimigos traem mesmo. É próprio de inimigo trair. O difícil é ser traído por alguém de confiança, que senta à mesma mesa, come do mesmo pão, mora na mesma casa, vive debaixo do mesmo teto, que está junto todos os dias... Isso é muito triste! Somente a oração é que dá forças para poder suportar tamanho sofrimento. Ao ver Judas Iscariotes à frente da turba, Jesus não sabia se ria ou chorava. Não existe nada mais abominável que ser traído pelo próprio amigo. Judas saudou Jesus com um beijo naquela noite, tendo atrás de si uma multidão de soldados. As estrelas cintilantes foram testemunhas dessa cena horrenda. Jesus disse para Judas Iscariotes: "Amigo, com um beijo você me trai". Por um instante, o poder do mal pareceu triunfar sobre o do bem. O Filho de Deus deixou-se ser conduzido por mãos humanas para seu suplício.

(Pai-nosso... 10 Ave-Marias... Glória ao Pai...)

2º mistério:

Jesus passa pela sessão de tortura

Ele foi torturado porque representava uma ameaça para o poder religioso, econômico e político de seu tempo. O homem não sabe lidar com o poder. Uma vez de posse dele, agarra-o com todas as forças. Todo poder vem de Deus, e Ele o concede para ser colocado a serviço do bem, da vida, da justiça. O homem, quando se distancia de Deus, coloca o poder em benefício próprio. Usa-o para oprimir, massacrar, explorar, escravizar, destruir. É o que vemos neste mistério da dor. Jesus estava sendo cruelmente torturado e, com essa tortura, os detentores do poder estavam enviando um recado para aqueles que pensavam em levantar a voz contra a tirania deles. Jesus foi torturado, porque seus inimigos queriam fazer com que o povo acreditasse que ele era um subversivo, bandido, malfeitor, impostor, enganador do povo. Eles colocavam Jesus no nível daqueles que são torturados e mortos, por representarem ameaças ao império. Eles não conseguiram enganar Jesus, como enganavam o povo. Por isso sua presença era para eles um incômodo, a razão pela qual queriam eliminá-lo. E também porque ele se compadecia daqueles que eles pisavam, oprimiam, desprezavam, ignoravam, em nome de Deus, da religião e da doutrina. Para os que usavam a religião como forma de dominação, viam em Jesus um grande obstáculo. Queriam, a qualquer custo, afastá-lo da presença deles. Quem está nas trevas detesta a luz. Por isso a solução era eliminá-lo do meio deles, e de maneira violenta, para amedrontar os seguidores. Em sua tortura, dá para ter ideia da transformação que sofre o homem quando dominado pela gana do poder. O ser humano, quando se deixa guiar pelo ódio, pela inveja, ganância, sede de poder, desumaniza-se, perde a referência. Ele deixa de ser guiado por Deus e parte para o confronto. A maneira como o torturaram denotou o abismo ao qual o homem chegou, como seu coração abriu espaço para o mal. Só Jesus tem o poder de reparar a maldade que tomou conta do coração dos homens de ontem, hoje e do amanhã, que vai chegar.

(Pai-nosso... 10 Ave-Marias... Glória ao Pai...)

3º mistério:
Jesus é coroado de espinhos

A tortura sofrida por Jesus parece não ter sido suficiente para satisfazer a maldade dos torturadores. Eles queriam mais. Mesmo porque Jesus, apesar de tanto sangue derramado, não se deixou abater. Sua postura foi de um homem digno e sereno. Não havia como destruí-lo. Os açoites não conseguiram tirar dele a grandeza. Aconteceu o inverso, na tentativa de humilhar Jesus, quem se viu humilhado foram os que o torturavam. Jesus continuou o mesmo de sempre: sereno e cheio de paz. Nada o fez mudar de atitude. No coração dele não havia espaço para o ódio, para a vingança, raiva e o ressentimento. Só havia espaço para o perdão, para a compaixão, misericórdia e bondade. Os que o torturavam sentiram-se mal, humilhados porque Jesus não ofereceu nenhuma resistência enquanto era torturado. Sua postura foi de uma pessoa digna, serena, suave, misericordiosa. Atitude como essa incomoda muito a pessoa má. Colocaram na cabeça de Jesus uma coroa de espinhos como tentativa de queimar sua imagem, destruir sua moral, debochá-lo diante dos que acreditavam nele e o amavam. Não conseguiram. Ele não se deixou abater. Continuou afirmando: "Eu sou Rei". "Meu Reino não é deste mundo" (Jo 18,36); mundo da ganância, enganação, exploração, tirania. O Reino de Jesus é o Reino do bem, da misericórdia, do perdão, do amor, da bondade e da paz. É mais uma tentativa falha. Quanto mais os inimigos tentavam humilhá-lo perante o povo, mais humilhados ficavam eles.

(Pai-nosso... 10 Ave-Marias... Glória ao Pai...)

4º mistério:

Jesus carrega a cruz

Jesus percorreu o caminho com a cruz às costas. Fica uma pergunta no ar: de onde retirou tanta força para levar, nas costas, uma cruz tão pesada? É de se esperar que ele estivesse esgotado depois de uma noite inteira, provavelmente sem se alimentar, depois de perder tanto sangue, durante as torturas que sofreu. Mesmo assim, ele conseguiu subir ao calvário, sob um sol escaldante. Naquele trajeto, deparou-se com situações difíceis. A cena mais comovente foi o encontro com sua mãe. Não dá para imaginar a dor de Maria ao encontrá-lo naquela situação. Porém sua presença foi encorajadora e renovou as forças do filho, em um dos momentos mais difíceis. A mãe o encorajou a ir até o fim do caminho; o fim da missão. Embora estivesse muito machucado, não desistiu. O tratamento que deram a ele foi pior que o dos assassinos, ladrões, bandidos, pessoas que insurgiam contra a lei romana. Os inimigos de Jesus não diferem deles. Deram a ele o mesmo destino daqueles que representavam a escória da sociedade. Essas pessoas, sim, recebiam esse tipo de condenação. A cruz era colocada em seus ombros para que levassem ao calvário e lá fossem crucificados, à vista de todos. E assim todos podiam zombar deles. Os doutores da lei, escribas, fariseus, queriam que o povo acreditasse que Jesus não era aquele que eles pensavam ser – Homem Deus. Ele caiu muitas vezes no meio do caminho e foi chicoteado impiedosamente. As mulheres que o acompanhavam ao longo do trajeto, choraram muito ao se depararem com tamanha crueldade. Os evangelistas deixaram escrito esse fato para as futuras gerações se lembrarem de que tudo o que Jesus passou foi por amor. Seu amor por nós jamais poderá cair no esquecimento. Foi por amor a nós que ele suportou os piores horrores que nenhum ser humano suportaria. Sobre Jesus recaiu toda a maldade humana. O ser humano, quando se afasta de Deus, abre o coração para a maldade, para o ódio e para outros males. Jesus suportou toda agressão e, em nenhum momento, deixou-se guiar pela revolta, pelo desejo de vingança, ódio, como acontecia com outros condenados. Carregou em si a paz, a serenidade, a bondade. Suportou tudo por amor, que venceu o ódio, o mal, a dor. O amor é mais forte que a morte.

(Pai-nosso... 10 Ave-Marias... Glória ao Pai...)

5º mistério:

Morte de Jesus

Jesus morreu pregado na cruz. Uma morte, até hoje, sem explicação, forjada, injusta. Não devia nada. O próprio Pilatos reconheceu sua inocência. Ele, realmente, era inocente! Há mais de dois mil anos esse fato aconteceu, e o caso ainda não foi a julgamento. Até nossos dias não surgiu nenhum advogado que se interessasse em declarar sua inocência. As testemunhas daquele julgamento eram falsas. Tudo o que testemunharam contra ele era mentira. Disseram que proibia pagar tributo a César, isso não aconteceu. Ele somente disse: "Dai a César o que é de César e a Deus o que é de Deus" (Lc 20,25). Eliminar uma vida, baseado em mentira, é algo muito sério. E a condenação à morte de Jesus foi com base na mentira. As testemunhas, com certeza, eram pagas para isso. Jesus morreu pregado na cruz. À humanidade de todos os tempos deve-se uma explicação. Foi assassinado um inocente. A quem responsabilizar pelo crime cometido? Pilatos já havia lavado as mãos, ele dizia que não se responsabilizaria pelo sangue do justo. As autoridades judaicas já estavam articuladas para matá-lo, sem assumir a culpa. Pilatos jogou a responsabilidade na mão do povo, e o povo respondeu: "Que seu sangue caia sobre nós e sobre nossos filhos" (Mt 27,25). A essa altura, Jesus não tinha ninguém a seu favor; os que o apoiavam fugiram, tal era o medo de terem o mesmo destino. Diz os evangelistas que, do meio-dia às três da tarde,

Jesus agonizou pregado na cruz. Lá na cruz, era zombado pelos inimigos. Quatro pessoas mantiveram-se firme com ele: sua mãe, Maria Madalena, Maria, mulher de Cleófas, e o discípulo amado. Esses não desistiram, não se intimidaram; foram com ele até a cruz. Já não suportando mais tanto sofrimento e prevendo que a morte se aproximava, Jesus disse à Mãe: "Mulher, eis aí seu Filho. Depois virando-se para o discípulo amado, disse: "Filho, eis aí sua mãe" (Jo 19,26-27). Daquele momento em diante, o discípulo amado acolheu a mãe amada de Jesus em sua casa. Em meio a tanta dor, nasceu sua nova família. De seu sangue, nasceram os novos filhos de Deus. Nasceu o povo da Nova Aliança. Um povo que resistiu até a morte e testemunhou, com seu próprio sangue, a fé em Cristo, que morreu pela salvação da humanidade, sobrevivendo às calamidades da história.

(Pai-nosso... 10 Ave-Marias... Glória ao Pai... Salve-Rainha...)

MISTÉRIOS DA GLÓRIA

(Quartas-feiras e domingos)

1º mistério:

Jesus ressuscita

Era uma linda manhã de domingo. O sol ainda não havia despontado no horizonte. Pássaros cantavam nos galhos das oliveiras anunciando um novo dia. Um grupo de mulheres dirigiu-se até o túmulo onde foi sepultado Jesus. Ninguém sabe o que iam conversando pelo caminho naquela madrugada. Tudo ainda era muito recente. Tinha apenas três dias que Jesus fora colocado naquele lugar. A confusão na cidade ainda era grande. Seu assassinato abalou toda a região. O povo ainda estava assustado com o acontecimento. Os sacerdotes do templo, os doutores da lei e os fariseus passaram pela história como aqueles que articularam a morte de Jesus, porque se sentiam incomodados com a presença e a pregação dele, a qual era um convite à conversão; e eles sentiam esse apelo. Jesus era uma luz a iluminar a vida errada daqueles homens. Em vez de ouvir a voz do coração, preferiram eliminá-lo. Conseguiram convencer o povo de que Ele era um impostor, por isso teria de morrer. Criaram um clima favorável para isso. Confundiram a cabeça das pessoas, e todos, influenciados por eles, aceitaram esse assassinato. Mas, depois de três dias do acontecimento, as pessoas começaram a refletir com mais calma e perceber a loucura que cometeram, ao serem manipuladas. Muitos que foram beneficiados por Jesus concordaram que ele fosse executado, mas, depois, perceberam o erro que cometeram. Jesus não merecia encerrar sua vida pregado em uma cruz. Um grupo de mulheres, que se manteve fiel a Ele, foi até o túmulo para perfumar seu corpo. Aí veio a surpresa: a pedra que fechava o túmulo estava removida. Em vez de encontrá-lo dentro do túmulo, encontraram anjos. Jesus não estava lá. Túmulo é lugar de pessoas mortas. É o lugar da decomposição, onde a carne humana apodrece. Jesus não estava naquele lugar porque ele estava vivo. O Pai lhe devolveu a vida. O salmo diz: "É por demais sentida pelo Senhor a morte de seus santos" (Sl 116,15). O Pai não iria permitir que a vida de seu filho terminasse assim. Deus é Senhor e fonte da vida. As mulheres ficaram sem entender o que estava acontecendo. A presença dos anjos no sepulcro as assustou muito. Elas não sabiam o que dizer. São dois anjos que estavam no túmulo; um à cabeceira, e outro aos pés. Eles se dirigiram até as mulheres e disseram: "Esse Jesus que vocês estão procurando não está mais aqui. Ele ressuscitou" (Lc 24,5). "Contem essa novidade para os discípulos dele. Ele quer encontrá-los na Galileia." As mulheres se retiraram confusas, mas felizes porque foram as primeiras a saber que Jesus estava vivo. Em poucos dias, os discípulos já ficaram sabendo do ocorrido e começaram a se movimentar. Foi como o despertar de uma noite de sono. Eles passaram a verificar se o que as mulheres estavam dizendo procedia. Fizeram a experiência do encontro com Ele muitas vezes. E, disso em diante, disseram a todos: "Jesus está vivo, ele retornou à vida e agora não morre mais". Ninguém mais terá poder sobre a vida de Jesus. Sua ressurreição traz alegria, esperança e luz para a comunidade dos discípulos.

(Pai-nosso... 10 Ave-Marias... Glória ao Pai...)

2º mistério:
Ascensão de Jesus

Jesus voltou para junto do Pai. Antes, porém, orientou os discípulos para continuarem a missão dele. É o início de uma nova história, um novo tempo; tempo de missão, de tornar conhecida sua obra. Ele foi para junto do Pai, e os discípulos saíram pelo mundo anunciando que estava vivo e atuando na história. No anúncio, revelaram quem era. As gerações tinham de saber que: ele passou por esta terra, fez uma experiência humana e, pela humanidade, entregou a própria vida; que implantou neste mundo um novo Reino, e quem quisesse fazer parte dele teria de crer em seu nome e aceitar o batismo. Aquele que crê no nome de Jesus, aceitando ser batizado, tem parte com ele no Reino. Os discípulos acolheram seu mandato. Ultrapassaram fronteiras, superaram obstáculos, enfrentaram oposições e levaram sua palavra aos rincões mais distantes. Nada os impediu de propagar a mensagem de salvação que Jesus confiou a eles. Sofreram perseguições por causa da Palavra, mas, mesmo assim, seguiram firmes na missão de anunciar o Cristo ressuscitado. Ao se despedir dos discípulos, Jesus garantiu: "Estarei convosco todos os dias, até o fim dos tempos" (Mt 28,20). Os discípulos seguiram em frente com a certeza de sua presença junto deles. Sentiram-se amparados, protegidos e iluminados por Ele. Em nome de Jesus, realizaram muitos sinais, que comprovaram sua presença na missão, a força do ressuscitado junto deles.

3º mistério:

Jesus envia o Espírito Santo

Os discípulos, antes de saírem em missão, colocaram-se em oração. Todos eles se uniram no mesmo lugar. O Espírito de Jesus os uniu em uma só alma e em um só coração. Essa união se fortaleceu mediante uma ação divina. Com a presença do Espírito Santo, os discípulos se libertaram do medo, da incerteza e da vaidade. Cada discípulo foi marcado com uma força nova. O espírito os preparou para um novo período da história que se iniciou. Jesus agiu neles pela força de seu espírito, que os revestiu de uma força nova, coragem e audácia. Os discípulos, com a presença do Espírito Santo, tornaram-se irreconhecíveis. Perderam totalmente o medo de anunciar Jesus ressuscitado. Movidos por um espírito novo, denunciaram os que articularam sua morte. Testemunharam que era inocente e que foi condenado à morte por um tribunal injusto, porém Deus lhe devolveu a vida, e ele estava presente e agindo. Ficaram cheios de coragem, ninguém mais os detinha. Falavam de Jesus abertamente e em qualquer lugar. Mesmo que seu testemunho causasse incômodo para as autoridades religiosas que condenaram Jesus à morte, continuavam dizendo que aquele Jesus, que eles assassinaram, estava vivo e não morreria mais. Eles estavam mudados. Não dá para imaginar que esses discípulos eram os mesmos que estiveram com Jesus no horto das Oliveiras, quando os soldados do templo o prenderam. Naquela noite, largaram-no nas mãos dos inimigos e fugiram apavorados. Transformados, já não temiam mais a morte e denunciavam os responsáveis pela morte do inocente. "Aquele Jesus que vocês mataram Deus ressuscitou dos mortos" (At 2,24). "A pedra que os construtores rejeitaram tornou-se a pedra angular" (Sl 118,22). Dali para frente foi assim; enquanto existir, nem que seja uma pessoa na face da terra, o anúncio da ressurreição vai continuar. O anúncio será acompanhado pela ação do Espírito Santo, que desmascara os que, em nome de Deus, massacram o pobre.

(Pai-nosso... 10 Ave-Marias... Glória ao Pai...)

4º mistério:

Assunção de Nossa Senhora

Depois de uma vida inteira voltada para Deus, Nossa Senhora encerrou sua missão no mundo. Sua vida neste mundo foi de doação total. Ela viveu só para servir. Sua missão foi só amar. E amar é a essência de Deus, amar sem medida, sem condições, sem exigir nada em troca. Assim foi a vida de Nossa Senhora nesta terra sagrada, que um dia foi banhada pelo sangue de seu filho e de tantos outros que vieram depois dele e que fizeram o mesmo caminho que ele fez: o caminho do amor, do serviço, da cruz. Nossa Senhora nunca cometeu pecado, porque o pecado é a falta de amor, e ela dedicou toda a sua vida a serviço do amor. O céu é lugar de santos; santos no corpo e santos na alma. Nossa Senhora é santa de corpo e alma. O céu é seu lugar. Com Nossa Senhora, o céu fica muito mais lindo, iluminado, bonito, alegre. Por isso Jesus a conduz até o céu para ela ficar bem perto dele. O filho que ama a mãe quer estar sempre ao lado dela. Filho e mãe que se amam são inseparáveis. A distância não separa o coração da mãe do coração do filho, nem que seja a distância entre o céu e a terra. A saudade de Jesus conduziu Nossa Senhora até o céu. Naquela noite ela adormeceu na terra e acordou no céu, perto de Jesus, de quem nunca se separou; agora está com Ele na glória. Com muito mais razão, continua com Jesus onde quer que ele esteja e sorrindo para as pessoas que o seguem com o coração sincero.

(Pai-nosso... 10 Ave-Marias... Glória ao Pai...)

5º mistério:
Nossa Senhora é coroada

Maria é coroada Rainha. Jesus fez de Nossa Senhora Rainha, diferente das rainhas do mundo. Elas vivem nos palácios, rodeadas dos grandes da corte. Muitas delas são inacessíveis, distantes dos pobres, dominadoras, opressoras, orgulhosas. Estão a serviço dos bajuladores. Maria é coroada Rainha, respeitada, amada e querida por todos os povos. No Brasil, foi eleita Rainha e Padroeira, uma Rainha Mãe, porque é capaz de defender o filho até o derramamento de sangue; é capaz de trocar sua vida pela vida do filho. Diante de tanta dor vivida pelo povo brasileiro, só uma Rainha Mãe, como Nossa Senhora, pode amparar, proteger, consolar e animar a continuar o caminho da história. A coroa de Maria representa o carinho, reconhecimento, que o povo de Deus tem para com ela. O reino confiado a ela é o coração, a alma e o amor dos redimidos pelo sangue de Jesus. Seus súditos são todos aqueles que buscam nela forças para seguirem os caminhos de Deus. São os que, na hora do desânimo, da fraqueza, impotência, do desespero, da tristeza, recorrem a ela com o coração cheio de esperança. Maria é a Rainha que acolhe os excluídos, injustiçados, marginalizados, os que buscam nela auxílio, proteção, amparo, coragem para o enfrentamento das dificuldades e para vencê-las. Maria é Rainha porque é vencedora. Venceu o pior dos inimigos do ser humano: O PECADO. Esse inimigo atingiu a humanidade inteira de todos os tempos, menos Maria.

A coroa que Deus a ofereceu é imperecível. É única. É só dela. Somente ela pode conquistar essa coroa, que nenhum ladrão rouba, nem a ferrugem corrói. Ela é a mulher vitoriosa, vencedora. Pisou a cabeça do dragão. Ela é a Rainha dos corações, da bondade, da ternura, do amor. Ela é a Rainha eterna junto do Rei do céu.

(Pai-nosso... 10 Ave-Marias... Glória ao Pai... Salve-Rainha...)

MISTÉRIOS DA LUZ

(Quintas-feiras)

1º mistério:

O batismo de Jesus

Jesus foi batizado no Rio Jordão. Batizar-se é aceitar fazer parte da comunidade e comprometer-se com ela. É tornar-se um com a comunidade. É abraçar a fé, a esperança, os princípios, a dor, a alegria da comunidade, de que se aceitou fazer parte. Batizar-se é aceitar caminhar com a comunidade de filhos de Deus. Naquele dia, no Rio Jordão, Jesus aproximou-se de João e pediu o batismo. João conhecia Jesus. Sabia quem ele era. Admirou-se com a humildade dele e disse para Jesus: "Sou eu que devo ser batizado por ti" (Mt 3,14). A resposta de Jesus: "Deixa que seja assim". No momento do batismo, o céu se abriu, o Espírito Santo pousou sobre Jesus, e do céu se escutou uma voz: "Este é meu filho amado" (Mt 3,17). Era a voz de Deus. Lá no Rio Jordão aconteceu a manifestação mais bonita da Santíssima Trindade. Pelo Espírito Santo, o Pai apresentou o filho à comunidade ali reunida, no momento em que ele foi batizado. A humanidade precisava saber que Jesus era o filho amado do pai e que o próprio Pai confirmara essa filiação no dia de seu batismo. O fato de Jesus querer ser batizado manifesta sua vinda por parte do Pai, que proclama, dos céus, ser Ele seu Filho amado.

Jesus quer que, nele, todos se tornem filhos de Deus. A mesma alegria que Jesus sentiu em ouvir do Pai essa manifestação de amor, ele quer que seus seguidores também a sintam ao ouvir o que ouviu: "Este é meu filho muito amado, nele coloquei todo o meu afeto". A maior graça que Jesus nos alcançou foi a de nos ter feito filhos de Deus. O batismo nos confirma essa filiação divina. Quando Ele deixou os discípulos, ao se despedir deles, confiou-lhes a seguinte missão: "Vão e façam com que todos os povos se tornem meus discípulos, batizando-os em nome do Pai, do Filho e do Espírito Santo" (Mt 28,19).

(Pai-nosso... 10 Ave-Marias... Glória ao Pai...)

2º mistério:

Jesus transforma a água em vinho, na festa de casamento

Esse mistério recorda a missão da mulher. Ao criar a mulher, disse Deus: "Não é bom que o homem esteja sozinho. Vou fazer para ele uma auxiliar que lhe seja semelhante" (Gn 2,18). Deus deu à mulher o dom de auxiliar. Todo auxílio pressupõe uma necessidade. Se a mulher é auxiliadora, isso significa que ela é mais forte que a necessidade a eliminar. A maior riqueza interior da mulher, concedida por Deus, reside no fato de ser auxiliadora do homem. A primeira mulher (Eva) faliu. Não conseguiu cumprir a missão de auxiliadora do homem que Deus confiou a ela. A segunda Eva (Maria) apareceu pela primeira vez como auxiliadora do homem nas bodas de Caná. Ela avisou a Jesus que o vinho estava para acabar. Essa falta não passa despercebida à vista de mulher, ao olhar de dona de casa. Ela foi convidada para a festa, assim como os outros. Fez suas as preocupações dos donos da festa, ao passo que os demais diriam que a falta de provisões não são negócios de convidados. O próprio convite já era garantia de que havia provisões suficientes. Até Jesus disse isso a ela. Mas, ela, verdadeira mulher, aquela que tem o dom de auxiliar os homens, quis prevenir todos de um fato, prestes a ocorrer, que iria interferir em todo o andamento da festa. Traria constrangimento, tanto aos organizadores, quanto aos convidados. Essa situação ela não poderia resolver sozinha. Ela não pôde oferecer um auxílio direto e imediato. Então recorreu ao filho. Seu auxílio foi de intercessora. Ela se aproximou do filho e disse: "Eles não têm mais vinho". Como que ficou sabendo que o vinho ia faltar? Incialmente, Jesus usou as palavras que outros também usariam: "Mulher, o que isso tem a ver conosco? Minha hora ainda não chegou". Como quem diz: a falta de vinho não é problema de convidados. Ela pareceu nem escutar a que o filho referia; voltou-se aos serventes dizendo: "Façam tudo o que Ele vos disser". Até aquele momento ninguém se havia dado conta do desastre prestes a acontecer. Só ela sabia o que a falta de vinho iria causar naquela festa de casamento. E, porque sabia, tomou logo uma atitude para evitar constrangimento ao dono da festa e uma confusão geral. Até aquele momento ninguém havia solicitado seu auxílio. Ela não esperou que o desastre ocorresse e transformasse uma festa tão bonita, cheia de risos, contentamento, alegria e paz, em um ambiente de amarguras, tristezas e decepções. A mulher tem o dom de prever acontecimentos, caso não sejam bons; ela pode prevenir o homem para evitá-los, assim não causarão transtorno e sofrimento. Para os católicos Maria é a onipotência suplicante. Seu auxílio preventivo faz lembrar a prevenção de Deus, que auxilia o ser humano com seu amor, para que este possa amá-lo, em sua luz; conhecê-lo, em sua graça, e cumprir a missão que Ele confia. Sem o auxílio de Deus, nem o homem nem a mulher cumprirão a missão. Maria é auxiliadora de Cristo, o homem Deus, missão também confiada a Eva para auxiliar Adão. Enquanto auxiliadora do Redentor, Maria torna-se intercessora, e seu auxílio estende-se a todo o processo de redenção. Começa com o Fiat, com que Maria entrou no processo da redenção em nome de toda a humanidade, e termina com o sacrifício de Cristo na cruz, que foi também o sacrifício pessoal dela.

(Pai-nosso... 10 Ave-Marias... Glória ao Pai...)

3º mistério:

Jesus anuncia o Reino de Deus

Jesus anunciou um Reino novo. Reino de paz. Diferente daquela paz conquistada pela força. Havia até um pensamento que vigorava na sociedade romana que dizia: "Se queres a paz, prepare-se para a guerra" (Flávio Vegécio, pensador romano). Paz para os fortes. O Reino que Jesus anunciou vai em outra direção: "Se queres a paz, prepare-se para a paz". As palavras de Jesus são acolhidas pelas pessoas aflitas, atormentadas, oprimidas, angustiadas, amarguradas, injustiçadas, perseguidas, acorrentadas, presas. Jesus abre o anúncio dizendo que estes são bem-aventurados porque não têm ninguém a seu favor. Essas pessoas só têm Deus ao lado delas. Ele é a única esperança. A elas Jesus dirige o anúncio: "O Espírito do Senhor está sobre mim, porque ele me consagrou com a unção para anunciar a boa notícia aos pobres, enviou-me para proclamar a libertação aos presos, aos cegos a recuperação da vista, para libertar os oprimidos e para proclamar um ano de graça do Senhor" (Lc 4,18-19). Jesus dirigiu-se a estes porque a política de Roma influenciou de tal maneira os dirigentes de Israel que, entre eles, quase já não havia mais espaço para a fraternidade, compaixão, solidariedade. Os reis de Israel tornaram-se estadistas tão eficientes e brutais quanto os imperadores de Roma. A violência, assassínios, saques, implacabilidade tornaram-se práticas comuns entre governadores e reis. Jesus anunciou uma humanidade nova, que nasceu da prática da fraternidade, solidariedade e comunhão. Dali para frente, os pobres, oprimidos, doentes, amargurados, insatisfeitos, sonhadores, os que aspiravam à beleza incomparável da vida moral ouviram e compreenderam a palavra de Jesus, que fala de um Deus, que é Pai e cujos benefícios jorram do céu pelo milagre da fraternidade humana. A grande novidade trazida por Jesus é a de que Deus é pai de todos. Ele não exclui ninguém. É pai de santos e pecadores, de bons e maus, ricos e pobres, crianças e adultos. Na casa do Pai, não existem estrangeiros, mas filhos. Todos são tratados da mesma maneira. Essa é a novidade trazida por Jesus. Deus é nosso Pai e, se Ele é nosso Pai, conforme disse Jesus, somos irmãos, porque somos filhos do mesmo Pai. Jesus nos ensinou a chamar Deus de Pai.

(Pai-nosso... 10 Ave-Marias... Glória ao Pai...)

4º mistério:

Jesus se transfigura no Monte Tabor

Na transfiguração, as vestes de Jesus tornaram-se resplandecentes. Diz o Evangelho que nenhuma lavadeira seria capaz de alvejar um vestido como as vestes de Jesus. A transfiguração é a epifania de Cristo perante seus discípulos mais íntimos, as três colunas apostólicas: Pedro, Tiago e João. É uma amostra da existência divina de Jesus na natureza humana. Esse modo de existir revela-se no rosto, que brilha como o sol. O rosto é o espelho mais pessoal do homem. Toda a beleza interior do homem irradia no rosto. A bondade, ternura, compaixão, misericórdia transparecem no rosto do homem. Por isso lembramos a canção que, ao falar sobre o rosto de Jesus, diz: "JESUS, ROSTO DIVINO DO HOMEM, ROSTO HUMANO DE DEUS". O sol que irradia de seu interior envolve também os vestidos de um esplendor sobrenatural. Seus assassinos sortearam entre si suas vestes. No corpo deles, a veste de Jesus nunca brilhará, porque esse brilho nasce do interior da alma, da bondade e do amor do coração. Nada disso faz parte do coração e da alma de um assassino. Jamais a veste de Jesus brilhará naqueles que o matam na alma e na vida. Os vestidos brancos, além de serem a epifania de Jesus, são também a antecipação de sua figura escatológica. Cristo é o transfigurado. É a luz divina iluminando a humanidade. Seu corpo tornou-se luminoso no dia da ressurreição. Saiu do sepulcro cheio de luz, resplandecente como sol. Quando Maria Madalena chegou ao sepulcro, encontrou os anjos vestidos de branco. Suas vestes revelam que são enviados do céu, resplandecem como a luz da manhã. A comunidade de Israel não suportou o brilho que irradiava do rosto de Moisés porque o que resplandecia era o brilho de Deus, sua glória. Os discípulos caíram por terra ao contemplarem o rosto transfigurado de Jesus, que se revestiu, aos olhos deles, de uma beleza divina que, até então, nunca tinham presenciado antes. Para se comunicar com eles novamente, Jesus retornou ao mundo. A carne humana não resiste à presença divina. Por isso Deus se fez homem em Jesus para se comunicar com o ser humano.

(Pai-nosso... 10 Ave-Marias... Glória ao Pai...)

5º mistério:

Jesus institui a Eucaristia

Jesus reuniu seus apóstolos e disse: "Desejei ardentemente comer com vocês esta Ceia pascal, antes de sofrer. Pois eu lhes digo: nunca mais a comerei, até que ela se realize no Reino de Deus". Então, Jesus pegou o cálice, agradeceu a Deus e disse: "Tomem isto e repartam entre vocês: pois eu lhes digo que nunca mais beberei do fruto da videira, até que venha o Reino de Deus". Depois tomou o pão, agradeceu a Deus, dizendo: "Isto é o meu corpo, que é dado por vocês. Façam isto em Memória de mim". Depois da ceia, Jesus fez o mesmo com o cálice, dizendo: "Este cálice é a nova aliança do meu sangue, que é derramado por vocês".

Eucaristia é a celebração de ação de graças. Jesus pegou o pão e agradeceu, pegou o vinho e agradeceu. Agradecer é próprio de quem é humilde, de quem reconhece os favores de Deus. Na Santa Missa, agradecemos a bondade, a misericórdia, o amor de Jesus por nós. Na Eucaristia, celebramos a vida, a história, a vitória do bem sobre o mal. Ele ofereceu sua vida para nossa salvação; ofereceu-se por nós na cruz. Derramou seu próprio sangue para nos libertar do pecado. Na última Ceia, ele transformou o pão em seu corpo, e o vinho, em seu sangue, e ordenou a seus continuadores que repetissem esse gesto ao longo da história, em sua memória. A Eucaristia é o sacrifício de Cristo na Cruz, a medida para todos os sacrifícios. Sacrifício é ofertar a Deus, no amor e na alegria, aquilo que mais custa a nós. Nada no mundo é mais importante para nós que a própria vida. Cristo ofereceu sua vida por nós. Todo sacrifício é uma oferta de si mesmo. Até mesmo se oferecermos algo, nesse algo vai nosso ser. Na Santa Missa, realizam-se todos os sacrifícios. Ao comungarmos o corpo e o sangue do Senhor, comungamos também a dor, a alegria, a fé e a esperança da humanidade a caminho. Comungamos o amor e a bondade, a misericórdia de Jesus para conosco e toda a família humana.

(Pai-nosso... 10 Ave-Marias... Glória ao Pai... Salve-Rainha...)

REFLEXÃO SOBRE A ORAÇÃO DA AVE-MARIA

AVE, MARIA...

O Anjo Gabriel saúda a Virgem Maria dizendo: "Ave, Maria". Na pessoa de Maria, a humanidade do ontem, do hoje e do amanhã é saudada pelo Anjo em nome de Deus. A saudação é dirigida a Maria porque ela é a representante do povo escolhido. Diante de Deus, ela responde pelos homens e pelas mulheres de todas as gerações; a do passado, presente e futuro. Ela é a embaixadora de Deus no mundo. Ela responde pela humanidade diante de Deus, com suas grandezas e fraquezas, com seus progressos e regressos, com seus avanços e retrocessos, com suas dores e alegrias, com seus sorrisos e suas lágrimas. Ela representa, diante de Deus, a humanidade a caminho, em busca de luz, paz e vida. Deus entra no mundo por intermédio de Maria. Nela, homens e mulheres de todos os tempos são saudados por Deus na pessoa do Anjo. Todos são inclusos no amor de Deus, que ama a todos da mesma forma; pecadores e santos. A medida de seu amor é amar sem medida. O calor do fogo é maior para quem está perto e menor para quem está longe. A água da cachoeira atinge mais quem está debaixo e menos quem está distante. Deus é como o sol; quanto mais abertas estiverem as janelas, mais luz entrará. Quem estiver de portas fechadas não verá a beleza do amanhecer. Uma casa fechada é escura e triste. Maria abriu todas as janelas de sua alma, de seu coração, de sua vida para acolher a saudação de Deus, trazida pelo Anjo Gabriel. Essa saudação em nome de Deus encontrou acolhida em seu coração. Ela é como a rosa que se abre à primeira luz da manhã e solve as gotas de orvalho caídas do céu. O profeta Isaías (45,8) diz: "Céus, gotejem lá de cima e as nuvens chovam a justiça, que a terra se abra e produza a salvação". Maria é a terra fértil que germina o salvador. Ela acolhe, em um coração humilde e sereno, a saudação daquele que vem em nome de Deus, dizendo: "AVE, MARIA".

Todas as manhãs, Deus nos saúda com o brilho das estrelas, com o clarão do luar, com o canto dos pássaros, com a beleza das flores e com os raios do sol. A saudação é para todos, porém nem todos percebem seu aceno pela voz da natureza. Maria responde com alegria, felicidade e amor aos cumprimentos do Pai. Seus ouvidos estão sempre atentos à voz de Deus. Ela não deixa que sua saudação caia no vazio. Ela responde por todos. Representa-nos diante do Criador. O Pai saúda Maria e nela saúda todos nós. Ela é a caixa de ressonância de Deus. Sua voz chega até nós por Maria, que levará essa alegria aos corações. Como a terra se distanciou do sol, também a humanidade se distanciou de Deus, voltando-se ao material, ao passageiro, ao transitório. Maria está próxima e atenta a todos os acenos do Senhor. O coração dela é o lugar do encontro, é a casa onde Deus habita. Para a saudação de Deus chegar até nós, passa primeiro por ela, que não é a mais querida de Deus, a mais amada, a preferida. Se houver um mais querido, mais amado, mais preferido, significaria que haveria alguém menos preferido, menos amado, menos querido, o que fugiria da essência de Deus que ama todos por igual. Que Maria tenha amado mais a Deus, tenha se aproximado mais dele, tenha dado mais abertura a ele, tenha o acolhido mais, então sim, a relação entre ela e Deus é muito mais estreita, mais profunda, mais íntima. Porque, quando se trata de Deus, ela se desliga de tudo que pode distraí-la para acolher somente a Ele, razão pela qual ela conquistou o coração de Deus, o que muitos de nós não fazemos. Deus está sempre nos chamando e esperando uma resposta nossa, mas nós nos encontramos sempre ocupados, distraídos. Por isso nossa relação com Ele nem sempre é tão estreita, profunda e íntima. Porém há alguém de nossa raça que tem o coração totalmente voltado para Deus. Essa pessoa é Maria, que nos representa diante de Deus. A bênção que Ele oferece a todos nós passa pelas mãos dela. A maior bênção que Ele nos oferece é seu próprio Filho.

CHEIA DE GRAÇA

A maior graça da qual Maria é possuidora é o próprio Deus. Dizer que ela é cheia de graça é o mesmo que dizer que é cheia de Deus. Se é cheia de Deus, resta-nos indagar quem é esse Deus, que habita nela. Maria é habitada por um Deus, que é fonte de beleza, refletida em toda obra da criação, especialmente nos seres humanos. O salmo 8, ao falar dessa beleza, diz o seguinte: "Senhor nosso Deus, como és grande em todo o universo. Quando contemplo o céu estrelado, as noites de luar e penso que foste tu seu criador, eu me pergunto: que valor imenso não deve ter o homem para estar sempre em tua lembrança e ser tratado com tanto carinho?" "Pouco abaixo de Deus o fizeste e tudo colocaste sob seu domínio." Deus é a sabedoria em plenitude. Ele é a origem de toda a sabedoria. O universo é regido por uma inteligência superior fora do alcance humano. Diante dessa inteligência infinita, o ser humano não passa de um grão de areia, um nada. O número de astros que gravitam no espaço é incontável e de tamanho incomensurável. Não dá para ser medido nem pesado. Apesar do tamanho e do peso, não se chocam nem se precipitam no abismo. Fica a indagação: que engenharia é essa que mantém no espaço corpos tão grandes dentro do mesmo raio, cada um se movimentando dentro da própria órbita? Como sustentar no espaço astros e planetas tão grandes? Que engenheiro seria capaz de uma façanha dessa? Deus é tudo de bom; é misericórdia, perdão, felicidade, fonte de vida. Esse Deus, que está em Maria, é o princípio e o fim de todos os seres terrestres e celestes. Nele tudo começa e NELE tudo termina. Ele é a fonte de beleza refletida na obra da criação, nos campos floridos, na relva serenada; nas flores que embelezam os jardins, a cada manhã; no canto dos pássaros que alegram o novo dia; nas folhas da palmeira embalada pelo vento. Um Deus grande, que cabe em um espaço tão pequeno: no coração de uma virgem. Esse Deus, que mora no coração da Virgem santa, é o mesmo, fonte de sabedoria refletida na inteligência humana, que investiga as profundezas da terra, o segredo dos astros e dos planetas que giram no espaço. Maria é portadora de um Deus feito só de amor. Nele só existe o bem. Dele emanam a alegria, a paz, o encanto, a felicidade, a luz. Mais tarde, São João vai dizer que o nome desse Deus é AMOR, porque sua função e missão é amar. Amar é acolher, perdoar, compadecer, libertar, promover, animar, partilhar, ajudar. Nosso Deus é assim. Maria é cheia de graças, cheia de Deus. Ela é portadora de Deus. Ela está em Deus, e Deus está nela. São dois seres inseparáveis que se fundem. Toda a ação de Maria brota da ação de Deus. Ela age com a força do Espírito de Deus, que partilha com ela seus dons. Tudo o que é de Deus passa a ser dela também. Ela se tornou tão próxima, parecida com Ele que, ao olharmos para ela e para Deus, nós nos deparamos com o mesmo amor. É o mesmo que olhar para a lua e ver nela o brilho do sol. A luz que sai do sol é a mesma que passa pela lua e chega até nós. Assim o amor que emana de Deus é o mesmo que passa por Maria e chega até nós. Ela nos aproxima de Deus e aproxima Deus de nós. A beleza de Deus reflete no olhar, no semblante e no sorriso da Virgem Santa. Ela trouxe Deus para dentro de si. Por ter acolhido a graça de Deus, tornou-se a mulher mais bela e encantadora dentre a criatura humana. Se é verdade que o céu é onde está Deus, Maria carrega o céu dentro de si. O mesmo céu, que foi roubado do primeiro casal, é recuperado por Maria, a mulher santa. Ela traz de volta o paraíso perdido. Por isso dizemos: AVE, MARIA, CHEIA DE GRAÇA!

O SENHOR É CONTIGO!

Naquele entardecer de outono, quando o dia ia morrendo e as primeiras estrelas surgiam na imensidão do céu, pássaros ocupavam os galhos das árvores para repousar, a noite estendia sobre as montanhas seu véu, tudo era silêncio. As pessoas recolhiam-se para o descanso. Uma paz repousava sobre o vilarejo. Só se ouvia o sussurro do vento nas folhas da palmeira. Maria se recolhia para falar com Deus: do dia que passou, da noite que estava chegando e do amanhã que iria chegar. As almas santas se entretêm com Deus, especialmente quando cai a noite. Nesse momento, Maria foi surpreendida por um anjo que a deixou muito assustada. Embora não esperasse uma surpresa daquela, seu coração nadava em um mar de felicidade. Uma paz vinda de Deus inundava sua alma. A presença do anjo encheu de luz o quarto onde ela se encontrava. Naquele ambiente sagrado, o Anjo falou com ela: "Maria, o Senhor está contigo". Ele passeou com Maria todo dia e o dia todo, por toda parte. Quem ama não se desliga. Quer estar sempre junto com o ser amado. Mesmo estando longe, o coração e a alma de quem se ama estão sempre ligados. Deus sempre gostou de estar com as pessoas. Nas tardes de primavera, ele passeava com Adão e Eva no paraíso. Era assim todas as tardes. A alegria de Deus era estar com eles. Era tão lindo esse amor que provocou inveja no Demônio, até que ele montou um esquema para afastar o casal de Deus. Foi o dia mais triste para o Pai ao ver que seus amores se distanciavam, motivados pela mentira. Mas Ele nunca desistiu do ser humano. Desde que o homem e a mulher romperam relações, Ele buscou sempre uma maneira de se aproximar e reconquistar seu coração. Agora Ele estava com Maria, conforme disse o Anjo: "O Senhor está contigo". Se Maria estava feliz com a presença de Deus, imaginemos quão grande é a alegria de Deus em estar com ela! É o que Ele sempre quis: reconquistar a criatura humana a qualquer preço e trazê-la de volta. Perder a criatura humana para o diabo seria o maior fracasso. Como entregar ao diabo sua imagem e semelhança? Agora Ele estava com Maria. Com ela, foi à busca dos que se perderam. Para perder a humanidade, o demônio usou uma arma poderosa: a força da mulher. Para resgatá-la, Deus também se valeu da mulher. Quando uma mulher fechou todas as janelas para Deus, a outra abriu as janelas da alma, do coração, do espírito e da vida para que o Senhor retomasse o que lhe pertencia: O CORAÇÃO HUMANO. Afinal, a casa de Deus, a morada de Deus é o coração do homem. Maria abriu o coração para Deus. O Senhor entrou e fez nele sua morada. Maria é a casa de Deus. Quem quiser se encontrar com Ele irá até ela. O Senhor mora nela. O Senhor está com ela, assim como disse o anjo. Ela é o ponto de encontro. É nela que Deus marca o encontro com a humanidade. Ela é a representante da humanidade de todos os tempos. A ela o Senhor tem livre acesso. A qualquer hora do dia e da noite, Maria está à disposição de Deus, porque Ele está sempre com ela e nela vai iniciar a construção de uma nova história de amor.

BENDITA ENTRE AS MULHERES

Foi Isabel a primeira mulher a pronunciar estas palavras: "Você é bendita entre as mulheres". "É bem-aventurada porque acreditou na realização da promessa." Maria é a mulher cheia de luz. Ela mesma profetiza que as gerações a chamarão de bendita por causa da ação do todo-poderoso sobre ela. O nome de Maria será sempre doce nos lábios das pessoas em todo o mundo. Ela será sempre lembrada com amor. Todos os habitantes da terra falarão bem de Maria e a respeitarão no céu e na terra. Deus a fez bendita por todas as gerações. Em qualquer lugar e em qualquer tempo, Maria será sempre a mulher bendita, bem falada, respeitada e amada por todos. Foi Deus que quis assim. Ele exalta os pequenos, os humildes, os humilhados. Até hoje, no mundo, nunca surgiu uma mulher que se via tão pequena e que Deus a fez tão grande a ponto de fazê-la bendita por todas as gerações. Em sua humildade, Maria reconhece que tudo nela é obra do Senhor. "O todo-poderoso realizou grandes obras a meu favor", dizia ela. Maria nunca considerou mérito seu as maravilhas que o Senhor realizara nela; atribuía tudo a Deus. Por isso é a mulher abençoada, bendita, querida e amada por Deus. O Senhor abriu o tesouro do céu e deixou que ela se apossasse dele. Um tesouro que ela vai partilhar com a humanidade de todos os tempos. A profecia de Maria na casa de Isabel se realizou. Ela dizia que todas as gerações a felicitariam. Há mais de dois mil anos, ela anunciava ao mundo esse acontecimento. E estava certa. Até hoje, em todos os cantos do mundo, seu nome é exaltado. O nome de Maria é pronunciado com afeto e amor. Em todo o mundo ela é querida, amada e respeitada por todos. Os brasileiros a têm como Mãe, Rainha e Padroeira. À medida que o tempo passa, o amor por Maria aumenta mais e mais. As novas gerações se espelham nela para agradar a Deus, assim ela vai ganhando os corações dos filhos e das filhas. No Brasil, ela é muito querida, amada. Todos querem se proteger debaixo de seu manto. Lutero, ao pronunciar o nome de Maria, fazia-o com imenso amor, dizendo: "Doce Virgem Maria". Quando Isabel dizia a Maria: "Você é bendita entre todas as mulheres", era o Espírito Santo que falava nela. Por uma inspiração divina, Isabel profetizava que Maria nunca cairia no esquecimento. Ela seria lembrada eternamente por todas as gerações e em todos os lugares do mundo. Na oração da "Salve-Rainha", pronunciamos todos os dias: "Ó clemente, ó piedosa, ó 'Doce sempre Virgem Maria'". Como a aurora é a esperança de um novo dia, assim Maria é a esperança de Cristo, a grande luz a iluminar a humanidade no caminho da história.

BENDITO O FRUTO DE TEU VENTRE

Naquele entardecer de outono, o sol se punha atrás das montanhas. Uma brisa suave perpassava no ar. Os pássaros buscavam, nos galhos das árvores, espaços para dormir. Maria, em seu quarto, recolhia-se em oração, para falar com Deus. De repente, o quarto se iluminou e, entre luz, um Anjo lhe apareceu e falou com ela: "Deus te salve, ó cheia de Graça". Maria se assustou. Nunca tinha vivido uma experiência daquela. Para tranquilizá-la, disse o Anjo: "Não tenha medo, Maria. Você encontrou graças diante de Deus. Vai ficar grávida e terá um filho e dará a ele o nome de Jesus. Ele será grande e será chamado filho do Altíssimo". Ao ouvir a mensagem do Anjo, Maria sentiu um calafrio da cabeça aos pés. Ela era ainda uma adolescente. Talvez, não tivesse mais de 14 anos. Ser mãe não fazia parte de seu projeto, pelo menos por enquanto. Ela não se sentia preparada para assumir uma responsabilidade tão grande. Ser mãe não é tão simples assim. É uma missão complicada. Então, Maria se refez do susto e perguntou: "Como se fará isso? Eu não vivo com nenhum homem". Para tranquilizá-la, disse o Anjo: "O Espírito Santo virá sobre você, e o poder do Altíssimo a cobrirá com sua sombra". Maria se deu conta de que estava diante de um mistério. Era Deus quem solicitava sua colaboração. Era sério! E agora, o que fazer? A situação era mais complicada do que se imaginava. Esse filho, do qual fala o Anjo, é muito especial. Ele ocupará o trono de Davi, reinará para sempre sobre os descendentes de Jacó e eternizará o seu reino. Para ser mãe de um filho dessa magnitude, precisava pensar muito. Afinal, ela era tão jovem e se viu tão pequena diante de uma missão tão grande. Ela, menina humilde, foi escolhida para ser mãe de um filho que ocupou o lugar de um homem que foi o maior rei de Israel: DAVI. Ela nunca imaginou que um dia fosse ser colocada em uma situação dessa. Mas era Deus quem estava pedindo esse sacrifício dela. Ela nunca negou nada a Ele. Mas o que pediu, naquele momento, parecia estar longe de seu alcance. Deus colocou nas mãos de Maria um problema difícil. Ela não sabia o que dizer nem o que fazer. Sentindo a angústia da menina, o Anjo, para encorajá-la, contou que Isabel, sua prima, apesar da idade avançada e de ser estéril, estava esperando um filho e já era o sexto mês de sua gravidez. E, para animá-la ainda mais, disse o Anjo: "Para Deus nada é impossível". Maria tinha apenas duas saídas: dizer sim ou dizer não. É o que diz o ditado popular: "pegar ou largar". De seu sim dependia a salvação da humanidade de todos os tempos: de ontem, de hoje e dos séculos vindouros. Tudo dependia dela. Deus não força ninguém. Deixa livre para decidir. Um sim ou um não da parte dela mudaria toda a história. O futuro da humanidade estava em suas mãos. Somente dependia dela. Os Anjos do céu e os homens da terra esperavam por seu sim. Ela disse sim. Maria nunca negou nada para Deus. Nem seu coração. Mesmo que lhe custasse a própria vida, ela disse sim. Naquele momento sagrado, quando no céu já cintilavam as primeiras estrelas da noite e a lua cheia surgia de trás dos montes, clareando a imensidão do mar, quando uma brisa fresca soprava as folhas do arvoredo, ela disse: "Eu sou a serva do Senhor, faça-se em mim segundo a sua palavra". Nesse instante, todo o céu e toda a terra se encheram de alegria. Um grande júbilo ecoou em todo o universo. Certo de ter cumprido a missão, o Anjo a deixou. No momento em que Maria disse sim, o Espírito Santo apoderou-se dela e, por sua ação, o Filho de Deus começou a ser gerado em seu ventre. O sim de Maria abriu os canais de comunicação do homem com Deus. A relação entre Deus e a humanidade foi estreitada e renovada no momento em que Maria aceitou ser a mãe do Verbo encarnado. Em Jesus, Deus tornou-se humano. O divino humanizou-se, e o humano divinizou-se. Deus tornou-se nosso parceiro. Veio fazer parceria conosco e viver nossa vida. No instante em que Maria aceitou ser a mãe de Jesus, entrou em seu coração uma alegria inexplicável, que só podia ter vindo do Espírito Santo. Ela precisava partilhar com alguém esse sentimento. Mas com quem? Quem poderia entender aquele mistério? Ela já estava sabendo, pela boca do Anjo, que Isabel estava esperando um filho, apesar da idade avançada. Só podia ser ação divina porque Isabel, além de idosa, era estéril. Imediatamente, ela partiu apressada para a casa da prima, que era separada por uma distância de mais de 100 km. Além de ir partilhar com Isabel o que estava acontecendo com ela, foi também prestar sua ajuda à prima que também estava gerando um filho – João Batista. Em nenhum momento, ela se preocupou com os obstáculos da viagem. Tudo o que ela queria era encontrar-se com Isabel. Quando chegou, foi uma alegria geral na família. Até a criança que Isabel trazia no ventre pulou de alegria dentro de seu seio, ao ouvir sua voz. Isabel ficou tão feliz com sua presença que foi logo dizendo: "Você é bendita entre todas as mulheres, e é bendito o fruto de seu ventre! Como posso merecer que a mãe de meu Senhor venha me visitar?" O Espírito Santo já havia revelado a Isabel que, em Maria, estava sendo gerado o Filho da promessa. A primeira pessoa no mundo a reconhecer em Maria a Mãe do Senhor foi Isabel. Ela sentiu-se honrada com sua visita. O reconhecimento de Isabel foi muito bom para Maria porque a poupou de ela mesma precisar dizer que era a mãe do Messias. Quem acreditaria nela? Mas o mistério já havia sido revelado pela providência divina. Maria é reconhecida como a MÃE DO SENHOR.

SANTA MARIA MÃE DE DEUS

O evangelista João, no capítulo 25,19, lembra: ao pé da cruz, a mãe de Jesus estava presente com mais algumas pessoas, dentre as quais, destacam-se: Maria Madalena, Maria de Cleófas e o discípulo amado. O Evangelho confirma que Maria é realmente a mãe de Jesus, que é o filho de Deus. Ele é Deus. É a segunda pessoa da Santíssima Trindade. Jesus Deus. Maria é mãe de Jesus. Se Maria é mãe de Jesus, que é Deus, a Igreja concluiu que ela é a mãe de Deus. Isabel, em um arroubo de alegria no Espírito Santo, disse a Maria: "Como posso merecer que a mãe de meu Senhor venha me visitar?" Esse Senhor, do qual ela falou, é o próprio Deus. Era assim que o povo de Israel o chamava. Deus valorizou tanto a mulher que quis também ser filho de uma mulher, que, assim como ele, fosse feita só de amor. Quis uma mãe que desempenhasse a maior de todas as missões: a de amar. Essa é a missão de Deus. Quis uma mãe parecida com Ele em tudo: na bondade, compaixão, misericórdia. Deus é feito de Amor. Todo o ser de Deus e sua essência são amor. Ele nunca cobrou nada por esse amor; ama sem exigir nada em troca. Ama somente pela alegria de amar. Em todo tempo, a humanidade ignorou seu amor, mas Ele nunca deixou de amá-la. O homem e a mulher sempre foram objeto de seu amor. Ele escolhe exatamente uma mulher para ser sua mãe. O livro do Gênesis diz que cada obra que Deus concluía dizia que era boa, mas, ao concluir a obra humana, olhou para o homem e a mulher e disse que era MUITO BOA. Dizemos que Maria é santa porque jamais abriu espaço para o mal. Em seu coração só há espaço para o bem. Ela viu seu filho ser torturado, massacrado, coroado de espinhos, objeto de zombaria por parte dos assassinos, assistiu à morte trágica dele na cruz. Ela sofreu os horrores praticados contra seu filho, sem poder intervir. E essa é a experiência de muitas mães aqui na terra, pois viveram semelhantes dores ao contemplarem o sofrimento de seus filhos. Porém, em nenhum momento, Maria abriu espaço para o ódio, a vingança, raiva, revolta. Jamais odiou os torturadores de seu filho. Perdoou a todos, assim como o fez Jesus. Só uma pessoa santa age assim. Por isso Maria é a Santa Mãe de Deus, mãe misericordiosa com aqueles que erram e se afastam de Deus. É mãe daqueles que se perderam no caminho. Jesus quis que Maria fosse a mãe de todos nós. Mãe da comunidade cristã. Mãe dos filhos gerados em sua Igreja.

ROGAI POR NÓS PECADORES

Nas bodas de Caná da Galileia, Maria estava presente. No meio da festa, sentiu que o vinho acabaria e aquela alegria se transformaria em tristeza. Rapidamente, aproximou-se do filho e disse que o vinho havia acabado. Apresentou a Jesus o problema na certeza de que ele ajudaria resolver. Só ela percebeu a falta de vinho. Se os convidados tivessem percebido antes dela, seria um constrangimento à família. Porém Maria, com toda a discrição, não deixou que ninguém percebesse o que estava acontecendo. Ela colocou Jesus a par do problema e mandou os empregados seguirem as orientações dele. Eles seguiram, e tudo terminou bem. Na oração da Santa Maria, nós dizemos: "Rogai por nós pecadores". Ela tem acesso ao coração de Jesus, e ele atende seus pedidos, por isso recorremos a ela nos momentos de prostração, impotência e desesperança. Quando nos faltam força e coragem para superarmos os obstáculos da missão que o Senhor nos confia, recorremos a ela. Pedimos que ela rogue por nós nos momentos de fraqueza, angústia e dor. Diante de Nossa Senhora, somos eternas crianças dependentes da mãe. Não somos capazes de caminhar sem ela. O mundo tem necessidade de mãe. A situação do mundo de hoje nos assusta, angustia, entristece. Os valores estão invertidos, a mentira virou verdade, e a verdade virou mentira. O combate a tudo o que é de Deus está cada vez mais frequente. O mal entrou no mundo com força devastadora. Recorremos a Nossa Senhora para que ela nos livre dos abismos, que estão cada vez mais próximos. Santo Afonso, em sua canção, dizia: "Vê o mundo que se ergue furioso, ele quer minha alma perder, não me deixe sozinho na luta, nem demore em me socorrer". Contamos com o auxílio de Nossa Senhora no combate ao pecado, que nos afasta de Deus. Por isso dizemos: "Rogai por nós pecadores". Ela é nossa mãe e nos conhece bem. Por isso está sempre conosco para nos ajudar a vencer o mal. Ela se compadece de nós. Ela não quer que nenhum de nós se perca porque ela é nossa mãe compassiva, misericordiosa. Ela nos ampara, protege-nos e nos defende da ação do maligno. Na Cruz, Jesus disse a ela: "Mulher, eis aí seu filho", e depois virou-se para o discípulo e disse: "Eis aí sua mãe". Jesus sabia que todos nós iríamos precisar do auxílio da mãe. Por isso quis que sua mãe fosse nossa mãe também para nos proteger. Ele sabia quão difícil seria a caminhada de seus seguidores. Por isso ele nos deu uma mãe para nos acompanhar e nos defender. Desde o início, Nossa Senhora permaneceu com os discípulos para ampará-los, protegê-los e animá-los na missão de Jesus. Nós vivemos em um mundo em que os estímulos para as coisas que não são de Deus facilmente nos convencem e nos arrastam para longe dele. Por isso recorremos a Nossa Senhora, pedindo que ela interceda sempre a nosso favor. Que ela rogue por nós pecadores, em todos os momentos, especialmente no último instante de nossa vida.

AGORA E NA HORA DE NOSSA MORTE

Maria esteve presente na vida de Jesus do presépio à cruz. Em nenhum momento, ela se ausentou da vida do filho. Nos momentos em que Jesus mais precisava, ela estava presente. Quando Herodes, cheio de fúria, tramou a morte do menino, ela e seu esposo fugiram para o Egito, a fim tirar o filho do alcance das mãos sanguinárias do rei Herodes. Enquanto José, seu esposo, ia à frente puxando o animal, ela ia montada com a criança no colo. Naquele dia em que Jesus subiu ao calvário, com a cruz às costas, cercado por soldados cruéis que nele batiam, chutavam-no, feriam-no com os chicotes e açoites, humilhavam-no com palavras indignas, ela estava junto. Embora não pudesse fazer nada, estava com ele, como quem diz: "Filho, a mãe está aqui". "A mãe está com você." "Não escute o que falam." "Eles não conhecem você, mas a mãe conhece e sabe quem você é." Nossa Senhora foi com Jesus até a cruz. A última palavra que dirigiu a ela foi esta: "Mulher, eis aí seu filho". Depois, virou-se para o discípulo e disse: "filho, eis aí sua mãe". Com essas palavras Jesus indicou que dali para frente o destino de Maria era continuar sendo mãe de uma multidão de filhos que nasceriam pela força de seu sangue, que um dia foi derramado na cruz. Depois dessas palavras, Jesus entrou na grande agonia e começou dar seus últimos suspiros. Aos poucos, ele foi se despedindo deste mundo, que tanto amou e foi por ele tão odiado. Aos olhos de Nossa Senhora, Jesus viveu seus últimos momentos. À medida que foi encerrando sua missão, uma nova missão foi se iniciando para ela: de mãe dos redimidos por seu filho. Jesus, na hora de sua morte, teve consigo a presença materna. Ela o assistiu na hora mais dolorosa: a hora em que a morte se aproximava. Hora do terror, medo, abandono, da solidão e angústia. Jesus passou por isso. Nesses momentos mais angustiantes, Nossa Senhora estava com ele. Pedir que ela esteja conosco também em momentos assim seria muita pretensão de nossa parte. Querer que Nossa Senhora nos acolha em seu colo quando estivermos morrendo seria pedir demais a ela, pela diferença que há entre nós e Jesus. Porém ela é a única mãe que Jesus nos deu antes de morrer na cruz. Ele passou pela experiência da morte e viu o quanto é difícil. Por isso nos deu sua mãe, porque todo ser humano terá de passar por essa experiência dolorosa. O Evangelho de São João fala que, quando Jesus estava pregado na cruz e sofrendo muito, sua mãe e mais três pessoas muito queridas dele estavam com ele ao pé da cruz. Sua mãe Maria, seu discípulo amado, Maria Madalena e Maria de Cleófas. E como foi bom poder contar com a companhia dessas pessoas queridas, inclusive de sua mãe. A companhia de pessoas queridas na hora do sofrimento é o maior presente de Deus. Jesus encarregou sua mãe de nos acompanhar também. Por isso pedimos, todos os dias, que Nossa Senhora nos assista nos momentos difíceis de nossa vida e, principalmente, na hora da morte. Essa hora é a mais difícil. É a hora da incerteza, do medo, da solidão, da insegurança, da impotência. É o momento em que precisamos do colo da mãe. Queremos que Nossa Senhora nos faça companhia todos os dias para nos ajudar a superar os obstáculos da vida e pedimos que ela nos acompanhe até os últimos suspiros, momento em que a cortina do tempo se fecha e se abre a cortina da eternidade.

ÍNDICE